U0737663

图解

《政府工作报告》

2023

图解《政府工作报告》编写组 编著

中国言实出版社

图书在版编目（CIP）数据

图解《政府工作报告》. 2023 / 图解《政府工作报告》编写组编著 . —— 北京 : 中国言实出版社 , 2023.3

ISBN 978-7-5171-4414-4

Ⅰ . ①图… Ⅱ . ①图… Ⅲ . ①政府工作报告 - 中国 - 2023 - 图解 Ⅳ . ① D623-64

中国国家版本馆 CIP 数据核字（2023）第 041671 号

图解《政府工作报告》2023

责任编辑：薛　磊
责任校对：果凤双

出版发行：中国言实出版社
　　　　　地　　址：北京市朝阳区北苑路180号加利大厦5号楼105室
　　　　　邮　　编：100101
　　　　　编辑部：北京市海淀区花园路6号院B座6层
　　　　　邮　　编：100088
　　　　　电　　话：010-64924853（总编室）　010-64924716（发行部）
　　　　　网　　址：www.zgyscbs.cn　电子邮箱：zgyscbs@263.net

经　　销：新华书店
印　　刷：北京温林源印刷有限公司
版　　次：2023年3月第1版　　2023年3月第2次印刷
规　　格：710毫米×1000毫米　1/16　6.25印张
字　　数：150千字

定　　价：40.00元
书　　号：ISBN 978-7-5171-4414-4

出版说明

　　为全面贯彻落实习近平新时代中国特色社会主义思想和党的二十大精神，帮助广大干部群众学习《政府工作报告》，本书编写组以《政府工作报告》文本为基础，配以图表、图示、图片及相关知识的网络链接，对《政府工作报告》做了通俗、直观、生动的介绍。

中国言实出版社

2023 年 3 月

目录

contents

扫一扫，手机阅读

《政府工作报告》

全文

《政府工作报告》

概览

《政府工作报告》框架图

2022年是党和国家历史上极为重要的一年

在党中央坚强领导下，高效统筹疫情防控和经济社会发展

在复杂多变的环境中基本完成全年发展主要目标任务

过去一年在稳经济保民生方面的主要工作

· 针对企业生产经营困难加剧，加大纾困支持力度

· 针对有效需求不足的突出矛盾，多措并举扩投资促消费稳外贸

· 针对就业压力凸显，强化稳岗扩就业政策支持

· 针对全球通胀高企带来的影响，以粮食和能源为重点做好保供稳价

· 针对部分群众生活困难增多，强化基本民生保障

一、过去一年和五年工作回顾

过去五年我国经济社会发展取得的重大成就

· 经济发展再上新台阶

· 脱贫攻坚任务胜利完成

· 科技创新成果丰硕

· 经济结构进一步优化

· 基础设施更加完善

· 改革开放持续深化

· 生态环境明显改善

· 人民生活水平不断提高

· 成功举办北京冬奥会、冬残奥会

· 疫情防控取得重大决定性胜利

过去五年主要工作

（一）创新宏观调控，保持经济运行在合理区间

（二）如期打赢脱贫攻坚战，巩固拓展脱贫攻坚成果

（三）聚焦重点领域和关键环节深化改革，更大激发市场活力和社会创造力

（四）深入实施创新驱动发展战略，推动产业结构优化升级

（五）扩大国内有效需求，推进区域协调发展和新型城镇化

（六）保障国家粮食安全，大力实施乡村振兴战略

（七）坚定扩大对外开放，深化互利共赢的国际经贸合作

（八）加强生态环境保护，促进绿色低碳发展

（九）切实保障和改善民生，加快社会事业发展

（十）推进政府依法履职和社会治理创新，保持社会大局稳定

· 贯彻落实党中央全面从严治党战略部署

· 民族、宗教、侨务等工作创新完善

· 国防和军队建设取得一系列新的重大成就、发生一系列重大变革

· 港澳台工作取得新进展

· 中国特色大国外交全面推进

今年发展主要预期目标

今年经济社会发展几项重点

（一）着力扩大国内需求

（二）加快建设现代化产业体系

（三）切实落实"两个毫不动摇"

（四）更大力度吸引和利用外资

（五）有效防范化解重大经济金融风险

（六）稳定粮食生产和推进乡村振兴

（七）推动发展方式绿色转型

（八）保障基本民生和发展社会事业

二、对今年政府工作的建议

进一步加强政府自身建设

民族、宗教、侨务工作

国防和军队建设

港澳工作

对台工作

外交工作

"数"看报告

十组数据看 2023 年中国发展

数据一：

实现合理经济增长

政府工作报告提出 2023年

GDP增长预期目标

为 5% 左右

数据二：

保持就业形势总体稳定

城镇新增就业

1200 万人左右

根据政府工作报告安排 2023年

城镇调查失业率

5.5% 左右

数据三：

确保物价运行在合理区间

在物价调控目标方面

政府工作报告提出 2023年

居民消费价格

涨幅 3% 左右

数据四：

抓紧抓好粮食和重要农产品稳产保供

粮食安全是治国理政的头等大事

政府工作报告提出 2023年

我国粮食产量保持在

1.3 万亿斤以上

数据五：

积极的财政政策加力提效

| 政府工作报告提出 **2023年** | 赤字率 **拟按3%安排** |

根据预算报告

2023年赤字率比上年提高0.2个百分点

38800亿元
全国财政赤字

5100亿元
比上年增加

赤字率控制在3%左右，保持了必要的财政支出强度，但又让财政风险可控

数据六：

用好专项债扩大有效投资

政府工作报告提出 **2023年**

拟安排地方政府专项债券 **3.8万亿元**

地方政府专项债券是带动扩大有效投资的重要手段

数据七：

推动经济社会发展绿色化、低碳化

根据计划报告 **2023年**

单位GDP能耗目标为 **降低2%左右**

数据八：

加快建设现代化产业体系

根据预算报告 **2023年**

安排产业基础再造和制造业高质量发展专项资金

133亿元 | 增加**44**亿元

数据九：

推动乡村振兴

根据预算报告 **2023年**

进一步增加中央财政衔接推进乡村振兴补助资金规模

安排**1750**亿元 | 增加**100**亿元

数据十：

让更多"真金白银"下沉基层

预算报告指出 **2023年**

中央对地方转移支付安排超10万亿元

达**100625**亿元

增长**3.6%**

一次性安排支持基层落实减税降费和重点民生等专项转移支付

5000亿元

《政府工作报告》

详解

政府工作报告

——2023 年 3 月 5 日在第十四届全国人民代表大会
第一次会议上

国务院总理 李克强

各位代表：

本届政府任期即将结束。现在，我代表国务院，向大
会报告工作，请予审议，并请全国政协委员提出意见。

中华人民共和国第十四届全国人民代表大会第一次会议

一、过去一年和五年工作回顾

2022 年是党和国家历史上极为重要的一年。

党的二十大胜利召开，描绘了全面建设社会主义现代化国家的宏伟蓝图。

面对风高浪急的国际环境和艰巨繁重的国内改革发展稳定任务，以习近平同志为核心的党中央团结带领全国各族人民迎难而上，

全面落实疫情要防住、经济要稳住、发展要安全的要求，加大宏观调控力度，实现了经济平稳运行、发展质量稳步提升、社会大局保持稳定，我国发展取得来之极为不易的新成就。

过去一年，我国经济发展遇到疫情等国内外多重超预期因素冲击。

在党中央坚强领导下，我们高效统筹疫情防控和经济社会发展，根据病毒变化和防疫形势，优化调整疫情防控措施。

面对经济新的下行压力——

▲ 果断应对、及时调控，

▲ 动用近年储备的政策工具，

▲ 靠前实施既定政策举措，

▲ 坚定不移推进供给侧结构性改革，

▲ 出台实施稳经济一揽子政策和接续措施，

▲ 部署稳住经济大盘工作，

▲ 加强对地方落实政策的督导服务，

▲ 支持各地挖掘政策潜力，

▲ 支持经济大省勇挑大梁，

▲ 突出稳增长稳就业稳物价，

▲ 推动经济企稳回升。

▲ 全年国内生产总值增长 **3%**，

▲ 城镇新增就业 **1206 万人**，

▲ 年末城镇调查失业率降到 **5.5%**，

▲ 居民消费价格上涨 **2%**。

▲ 货物进出口总额增长 **7.7%**。

▲ 财政赤字率控制在 **2.8%**，中央财政收支符合预算、支出略有结余。

▲ 国际收支保持平衡，人民币汇率在全球主要货币中表现相对稳健。

▲ 粮食产量 **1.37 万亿斤**，增产 **74 亿斤**。

▲ 生态环境质量持续改善。

在攻坚克难中稳住了经济大盘，在复杂多变的环境中基本完成全年发展主要目标任务，我国经济展现出坚强韧性。

针对企业生产经营困难加剧，加大纾困支持力度。

受疫情等因素冲击，不少企业和个体工商户遇到特殊困难。

▲ 全年增值税留抵退税超过 **2.4 万亿**元，新增减税降费超过 **1 万亿**元，缓税缓费 **7500 多亿**元。

▲ 为有力支持减税降费政策落实，中央对地方转移支付大幅增加。

▲ 引导金融机构增加信贷投放，降低融资成本，新发放企业贷款平均利率降至有统计以来最低水平，对受疫情影响严重的中小微企业、个体工商户和餐饮、旅游、货运等实施阶段性贷款延期还本付息，对普惠小微贷款阶段性减息。

用改革办法激发市场活力。量大面广的中小微企业和个体工商户普遍受益。

针对有效需求不足的突出矛盾，多措并举扩投资促消费稳外贸。

去年终端消费直接受到冲击，投资也受到影响。

▲ 提前实施部分"十四五"规划重大工程项目，加快地方政府专项债券发行使用，依法盘活用好专项债务结存限额，分两期投放政策性开发性金融工具 **7400 亿**元，为重大项目建设补充资本金。

▲ 运用专项再贷款、财政贴息等政策，支持重点领域设备更新改造。

▲ 采取联合办公、地方承诺等办法，提高项目审批效率。

▲ 全年基础设施、制造业投资分别增长 **9.4%**、**9.1%**，带动固定资产投资增长 **5.1%**，一定程度弥补了消费收缩缺口。

▲ 发展消费新业态新模式，采取减免车辆购置税等措施促进汽车消费，新能源汽车销量增长 **93.4%**，开展绿色智能家电、绿色建材下乡，社会消费品零售总额保持基本稳定。

▲ 出台金融支持措施，支持刚性和改善性住房需求，扎实推进保交楼稳民生工作。

▲ 帮助外贸企业解决原材料、用工、物流等难题，提升港口集疏运效率，及时回应和解决外资企业关切，货物进出口好于预期，实际使用外资稳定增长。

针对就业压力凸显，强化稳岗扩就业政策支持。

去年城镇调查失业率一度明显攀升。

▲ 财税、金融、投资等政策更加注重稳就业。

▲ 对困难行业企业社保费实施缓缴，大幅提高失业保险基金稳岗返还比例，增加稳岗扩岗补助。

▲ 落实担保贷款、租金减免等创业支持政策。

▲ 突出做好高校毕业生就业工作，开展就业困难人员专项帮扶。

▲ 在重点工程建设中推广以工代赈。

脱贫人口务工规模超过 **3200 万人**、实现稳中有增。就业形势总体保持稳定。

针对全球通胀高企带来的影响，以粮食和能源为重点做好保供稳价。

去年全球通胀达到 40 多年来新高，国内价格稳定面临较大压力。

▲ 有效应对洪涝、干旱等严重自然灾害，不误农时抢抓粮食播种和收获，督促和协调农机通行，保障农事活动有序开展，分三批向种粮农民发放农资补贴，保障粮食丰收和重要农产品稳定供给。

▲ 发挥煤炭主体能源作用，增加煤炭先进产能，加大对发电供热企业支持力度，保障能源正常供应。

在全球高通胀的背景下，我国物价保持较低水平，尤为难得。

针对部分群众生活困难增多，强化基本民生保障。

▲ 阶段性扩大低保等社会保障政策覆盖面，将更多困难群体纳入保障范围。

▲ 延续实施失业保险保障扩围政策，共向 **1000 多万**失业人员发放失业保险待遇。

▲ 向更多低收入群众发放价格补贴，约 **6700 万人**受益。

▲ 免除经济困难高校毕业生 2022 年国家助学贷款利息并允许延期还本。

▲ 做好因疫因灾遇困群众临时救助工作，切实兜住民生底线。

与此同时，我们全面落实中央经济工作会议部署，按照十三届全国人大五次会议批准的政府工作报告安排，统筹推进经济社会各领域工作。经过艰苦努力，当前消费需求、市场流通、工业生产、企业预期等明显向好，经济增长正在企稳向上，我国经济有巨大潜力和发展动力。

过去五年极不寻常、极不平凡。

在以习近平同志为核心的党中央坚强领导下，我们经受了世界变局加快演变、新冠疫情冲击、国内经济下行等多重考验，如期打赢脱贫攻坚战，如期全面建成小康社会，实现第一个百年奋斗目标，开启向第二个百年奋斗目标进军新征程。各地区各部门坚持以习近平新时代中国特色社会主义思想为指导，深刻领悟"两个确立"的决定性意义，增强"四个意识"、坚定"四个自信"、做到"两个维护"，全面贯彻党的十九大和十九届历次全会精神，深入贯彻党的二十大精神，坚持稳中求进工作总基调，完整、准确、全面贯彻新发展理念，构建新发展格局，推动高质量发展，统筹发展和安全，我国经济社会发展取得举世瞩目的重大成就。

——经济发展再上新台阶。

▲ 国内生产总值增加到 **121 万亿**元，五年年均增长 **5.2%**，十年增加近 **70 万亿**元、年均增长 **6.2%**，在高基数基础上实现了中高速增长、迈向高质量发展。

▲ 财政收入增加到 **20.4 万亿**元。

▲ 粮食产量连年稳定在 **1.3 万亿**斤以上。

▲ 工业增加值突破 **40 万亿**元。

▲ 城镇新增就业年均 **1270 多万**人。

▲ 外汇储备稳定在 **3 万亿**美元以上。

我国经济实力明显提升。

——脱贫攻坚任务胜利完成。

经过八年持续努力，

▲ 近 **1 亿**农村贫困人口实现脱贫，

▲ 全国 **832** 个贫困县全部摘帽，

▲ **960 多万**贫困人口实现易地搬迁，

历史性地解决了绝对贫困问题。

——科技创新成果丰硕。

▲ 构建新型举国体制，组建国家实验室，分批推进全国重点实验室重组。

▲ 一些关键核心技术攻关取得新突破，载人航天、探月探火、深海深地探测、超级计算机、卫星导航、量子信息、核电技术、大飞机制造、人工智能、生物医药等领域创新成果不断涌现。

▲ 全社会研发经费投入强度从 **2.1%** 提高到 **2.5%** 以上，科技进步贡献率提高到 **60%** 以上，创新支撑发展能力不断增强。

——经济结构进一步优化。

▲ 高技术制造业、装备制造业增加值年均分别增长 **10.6%**、**7.9%**，数字经济不断壮大，新产业新业态新模式增加值占国内生产总值的比重达到 **17%** 以上。

▲ 区域协调发展战略、区域重大战略深入实施。

▲ 常住人口城镇化率从 **60.2%** 提高到 **65.2%**，乡村振兴战略全面实施。

区域协调发展

经济发展新动能加快成长。

——基础设施更加完善。

▲ 一批防汛抗旱、引水调水等重大水利工程开工建设。

▲ 高速铁路运营里程从 **2.5 万**公里增加到 **4.2 万**公里，高速公路里程从 **13.6 万**公里增加到 **17.7 万**公里。

▲ 新建改建农村公路 **125 万**公里。

▲ 新增机场容量 **4 亿**人次。

▲ 发电装机容量增长 **40%** 以上。

▲ 所有地级市实现千兆光网覆盖，所有行政村实现通宽带。

——改革开放持续深化。

▲ 全面深化改革开放推动构建新发展格局，供给侧结构性改革深入实施，简政放权、放管结合、优化服务改革不断深化，营商环境明显改善。

▲ 共建"一带一路"扎实推进。

▲ 推动区域全面经济伙伴关系协定（RCEP）生效实施，建成全球最大自由贸易区。

▲ 货物进出口总额年均增长 **8.6%**，突破 **40 万亿**元并连续多年居世界首位，吸引外资和对外投资居世界前列。

——生态环境明显改善。

▲ 单位国内生产总值能耗下降 **8.1%**、二氧化碳排放下降 **14.1%**。

▲ 地级及以上城市细颗粒物（$PM_{2.5}$）平均浓度下降 **27.5%**，重污染天数下降超过五成，全国地表水优良水体比例由 **67.9%** 上升到 **87.9%**。

▲ 设立首批 **5** 个国家公园，建立各级各类自然保护地 **9000** 多处。

美丽中国建设迈出重大步伐。

——人民生活水平不断提高。

▲ 居民收入增长与经济增长基本同步，全国
居民人均可支配收入年均增长 **5.1%**。

▲ 居民消费价格年均上涨 **2.1%**。

▲ 新增劳动力平均受教育年限从 **13.5** 年提
高到 **14** 年。

▲ 基本养老保险参保人数增加 **1.4 亿**、覆
盖 **10.5 亿**人，基本医保水平稳步提高。

▲ 多年累计改造棚户区住房**4200 多万套**，
上亿人出棚进楼、实现安居。

经过多年精心筹办，成功举办了简约、安全、精彩的北京冬奥会、冬残奥会，为促进群众性冰雪运动、促进奥林匹克运动发展、促进世界人民团结友谊作出重要贡献。

新冠疫情发生三年多来，以习近平同志为核心的党中央始终坚持人民至上、生命至上，强化医疗资源和物资保障，全力救治新冠患者，有效保护人民群众生命安全和身体健康，因时因势优化调整防控政策措施，全国人民坚忍不拔，取得重大决定性胜利。在极不平凡的抗疫历程中，各地区各部门各单位做了大量工作，各行各业共克时艰，广大医务人员不畏艰辛，特别是亿万人民克服多重困难，付出和奉献，都十分不易，大家共同抵御疫情重大挑战，面对尚未结束的疫情，仍在不断巩固统筹疫情防控和经济社会发展成果。

五年来，我们深入贯彻以习近平同志为核心的党中央决策部署，主要做了以下工作。

（一）创新宏观调控，保持经济运行在合理区间。

面对贸易保护主义抬头、疫情冲击等接踵而来的严峻挑战，创新宏观调控方式，不过度依赖投资，统筹运用财政货币等政策，增强针对性有效性，直面市场变化，重点支持市场主体纾困发展，进而稳就业保民生。

把年度主要预期目标作为一个有机整体来把握，加强区间调控、定向调控、相机调控、精准调控，既果断加大力度，又不搞"大水漫灌"、透支未来，持续做好"六稳"、"六保"工作，强化保居民就业、保基本民生、保市场主体、保粮食能源安全、保产业链供应链稳定、保基层运转，以改革开放办法推动经济爬坡过坎、持续前行。

坚持实施积极的财政政策。

▲ 合理把握赤字规模，五年总体赤字率控制在 **3%** 以内，政府负债率控制在 **50%** 左右。

▲ 不断优化支出结构，教育科技、生态环保、基本民生等重点领域得到有力保障。

▲ 实施大规模减税降费政策，制度性安排与阶段性措施相结合，疫情发生后减税降费力度进一步加大，成为应对冲击的关键举措。

▲ 彻底完成营改增任务、取消营业税，将增值税收入占比最高、涉及行业广泛的税率从 **17%** 降至 **13%**，阶段性将小规模纳税人增值税起征点从月销售额 **3 万元** 提高到 **15 万元**、小微企业所得税实际最低税负率从 **10%** 降至 **2.5%**。

▲ 减税降费公平普惠、高效直达，五年累计减税 **5.4 万亿元**、降费 **2.8 万亿元**，既帮助企业渡过难关、留得青山，也放水养鱼、涵养税源，年均新增涉税企业和个体工商户等超过 **1100 万户**，各年度中央财政收入预算都顺利完成，考虑留抵退税因素，全国财政收入十年接近翻一番。

▲ 推动财力下沉，中央一般公共预算支出中对地方转移支付占比提高到 **70%** 左右，建立并常态化实施中央财政资金直达机制。

▲ 各级政府坚持过紧日子，严控一般性支出，中央部门带头压减支出，盘活存量资金和闲置资产，腾出的资金千方百计惠企裕民，全国财政支出 **70%** 以上用于民生。

坚持实施稳健的货币政策。

根据形势变化灵活把握政策力度，保持流动性合理充裕，用好降准、再贷款等政策工具，加大对实体经济的有效支持，缓解中小微企业融资难融资贵等问题。

▲ 制造业贷款余额从 **16.3 万亿**元增加到 **27.4 万亿**元。

▲ 普惠小微贷款余额从 **8.2 万亿**元增加到 **23.8 万亿**元、年均增长 **24%**，贷款平均利率较五年前下降 **1.5 个百分点**。

▲ 加大清理拖欠中小企业账款力度。

▲ 人民币汇率在合理均衡水平上弹性增强、保持基本稳定。

▲ 完全化解了历史上承担的国有商业银行和农村信用社等 **14486 亿**元金融改革成本。

▲ 运用市场化法治化方式，精准处置一批大型企业集团风险，平稳化解高风险中小金融机构风险，大型金融机构健康发展，金融体系稳健运行，守住了不发生系统性风险的底线。

强化就业优先政策导向。

▲ 把稳就业作为经济运行在合理区间的关键指标。

▲ 着力促进市场化社会化就业，加大对企业稳岗扩岗支持力度。

▲ 将养老保险单位缴费比例从 **20%** 降至 **16%**，同时充实全国社保基金，储备规模从 **1.8 万亿**元增加到 **2.5 万亿**元以上。

▲ 实施失业保险基金稳岗返还、留工培训补助等政策。

▲ 持续推进大众创业万众创新，连续举办 8 届全国双创活动周、超过 **5.2 亿**人次参与，鼓励以创业带动就业，加强劳动者权益保护，新就业形态和灵活就业成为就业增收的重要渠道。

▲ 做好高校毕业生、退役军人、农民工等群体就业工作。

▲ 使用失业保险基金等资金支持技能培训。

▲ 实施高职扩招和职业技能提升三年行动，累计扩招 **413 万**人、培训 **8300 多万**人次。

就业是民生之基、财富之源。**14 亿多**人口大国保持就业稳定，难能可贵，蕴含着巨大创造力。

保持物价总体平稳。

▲ 在应对冲击中没有持续大幅增加赤字规模，也没有超发货币，为物价稳定创造了宏观条件。

▲ 下大气力抓农业生产，强化产销衔接和储备调节，确保粮食和生猪、蔬菜等稳定供应，及时解决煤炭电力供应紧张问题，满足民生和生产用能需求，保障交通物流畅通。

▲ 加强市场监管，维护正常价格秩序。

十年来我国居民消费价格涨幅稳定在 **2%** 左右的较低水平，成如容易却艰辛，既维护了市场经济秩序、为宏观政策实施提供了空间，又有利于更好保障基本民生。

（二）如期打赢脱贫攻坚战，巩固拓展脱贫攻坚成果。

全面建成小康社会最艰巨最繁重的任务在农村特别是在贫困地区。

▲ 坚持精准扶贫，聚焦"三区三州"等深度贫困地区，强化政策倾斜支持，优先保障脱贫攻坚资金投入，对脱贫难度大的县和村挂牌督战。

▲ 深入实施产业、就业、生态、教育、健康、社会保障等帮扶，加强易地搬迁后续扶持，重点解决"两不愁三保障"问题，脱贫群众不愁吃、不愁穿，义务教育、基本医疗、住房安全有保障，饮水安全也有了保障。

▲ 贫困地区农村居民收入明显增加，生产生活条件显著改善。

推动巩固拓展脱贫攻坚成果同乡村振兴有效衔接。

▲ 保持过渡期内主要帮扶政策总体稳定，严格落实"四个不摘"要求，建立健全防止返贫动态监测和帮扶机制，有力应对疫情、灾情等不利影响，确保不发生规模性返贫。

▲ 确定并集中支持**160**个国家乡村振兴重点帮扶县，加大对易地搬迁集中安置区等重点区域支持力度，坚持并完善东西部协作、对口支援、定点帮扶等机制，选派用好医疗、教育"组团式"帮扶干部人才和科技特派员，推动脱贫地区加快发展和群众稳定增收。

（三）聚焦重点领域和关键环节深化改革，更大激发市场活力和社会创造力。

坚持社会主义市场经济改革方向，处理好政府和市场的关系，使市场在资源配置中起决定性作用，更好发挥政府作用，推动有效市场和有为政府更好结合。

持续推进政府职能转变。

完成国务院及地方政府机构改革。加快建设全国统一大市场，建设高标准市场体系，营造市场化法治化国际化营商环境。大道至简，政简易行。持之以恒推进触动政府自身利益的改革。

▲ 进一步简政放权，放宽市场准入，全面实施市场准入负面清单制度，清单管理措施比制度建立之初压减 **64%**，将行政许可事项全部纳入清单管理。

▲ 多年来取消和下放行政许可事项 **1000** 多项，中央政府层面核准投资项目压减 **90%** 以上，工业产品生产许可证从 **60** 类减少到 **10** 类，工程建设项目全流程审批时间压缩到不超过 **120** 个工作日。

▲ 改革商事制度，推行"证照分离"改革，企业开办时间从一个月以上压缩到目前的平均 **4** 个工作日以内，实行中小微企业简易注销制度。

▲ 坚持放管结合，加强事中事后监管，严格落实监管责任，防止监管缺位、重放轻管，强化食品药品等重点领域质量和安全监管，推行"双随机、一公开"等方式加强公正监管，规范行使行政裁量权。

▲ 加强反垄断和反不正当竞争，全面落实公平竞争审查制度，改革反垄断执法体制。

▲ 依法规范和引导资本健康发展，依法坚决管控资本无序扩张。

▲ 不断优化服务，推进政务服务集成办理，压减各类证明事项，加快数字政府建设，**90%** 以上的政务服务实现网上可办，户籍证明、社保转接等 **200 多** 项群众经常办理事项实现跨省通办。

▲ 取消所有省界高速公路收费站。

▲ 制定实施优化营商环境、市场主体登记管理、促进个体工商户发展、保障中小企业款项支付等条例。

▲ 改革给人们经商办企业更多便利和空间，去年底企业数量超过 **5200 万** 户、个体工商户超过 **1.1 亿** 户，市场主体总量超过 **1.6 亿** 户、是十年前的 **3** 倍，发展内生动力明显增强。

促进多种所有制经济共同发展。

坚持和完善社会主义基本经济制度，坚持"两个毫不动摇"。

▲ 完成国企改革三年行动任务，健全现代企业制度，推动国企聚焦主责主业优化重组、提质增效。

▲ 促进民营企业健康发展，破除各种隐性壁垒，一视同仁给予政策支持，提振民间投资信心。

▲ 完善产权保护制度，保护企业家合法权益，弘扬企业家精神。

推进财税金融体制改革。

▲ 深化预算管理体制改革，加大预算公开力度，推进中央与地方财政事权和支出责任划分改革，完善地方政府债务管理体系，构建综合与分类相结合的个人所得税制，进一步深化税收征管改革。

▲ 推动金融监管体制改革，统筹推进中小银行补充资本和改革化险，推进股票发行注册制改革，完善资本市场基础制度，加强金融稳定法治建设。

（四）深入实施创新驱动发展战略，推动产业结构优化升级。

深化供给侧结构性改革，完善国家和地方创新体系，推进科技自立自强，紧紧依靠创新提升实体经济发展水平，不断培育壮大发展新动能，有效应对外部打压遏制。

增强科技创新引领作用。

▲ 强化国家战略科技力量，实施一批科技创新重大项目，加强关键核心技术攻关。

▲ 发挥好高校、科研院所作用，支持新型研发机构发展。

▲ 推进国际和区域科技创新中心建设，布局建设综合性国家科学中心。

▲ 支持基础研究和应用基础研究，全国基础研究经费五年增长 **1** 倍。

▲ 改革科研项目和经费管理制度，赋予科研单位和科研人员更大自主权，努力将广大科技人员从繁杂的行政事务中解脱出来。

▲ 加强知识产权保护，激发创新动力。

▲ 促进国际科技交流合作。

▲ 通过市场化机制激励企业创新，不断提高企业研发费用加计扣除比例，将制造业企业、科技型中小企业分别从 **50%**、**75%** 提高至 **100%**，并阶段性扩大到所有适用行业，对企业投入基础研究、购置设备给予政策支持，各类支持创新的税收优惠政策年度规模已超过万亿元。

▲ 创设支持创新的金融政策工具，引导创业投资等发展。

▲ 企业研发投入保持两位数增长，一大批创新企业脱颖而出。

推动产业向中高端迈进。

▲ 把制造业作为发展实体经济的重点，促进工业经济平稳运行，保持制造业比重基本稳定。

▲ 严格执行环保、质量、安全等法规标准，淘汰落后产能。

▲ 开展重点产业强链补链行动。

▲ 启动一批产业基础再造工程。

▲ 鼓励企业加快设备更新和技术改造，将固定资产加速折旧优惠政策扩大至全部制造业。

▲ 推动高端装备、生物医药、光电子信息、新能源汽车、光伏、风电等新兴产业加快发展。

▲ 促进数字经济和实体经济深度融合。

▲ 持续推进网络提速降费，发展"互联网＋"。

▲ 移动互联网用户数增加到 **14.5 亿户**。

▲ 支持工业互联网发展，有力促进了制造业数字化智能化。

▲ 专精特新中小企业达 **7 万多家**。

▲ 促进平台经济健康持续发展，发挥其带动就业创业、拓展消费市场、创新生产模式等作用。

▲ 发展研发设计、现代物流、检验检测认证等生产性服务业。

▲ 加强全面质量管理和质量基础设施建设。

中国制造的品质和竞争力不断提升。

（五）扩大国内有效需求，推进区域协调发展和新型城镇化。

围绕构建新发展格局，立足超大规模市场优势，坚持实施扩大内需战略，培育更多经济增长动力源。

着力扩大消费和有效投资。

疫情发生前，消费已经成为我国经济增长的主要拉动力。面对需求不足甚至出现收缩，推动消费尽快恢复。

▲ 多渠道促进居民增收，提高中低收入群体收入。

▲ 支持汽车、家电等大宗消费，汽车保有量突破 **3亿**辆、增长 **46.7%**。

▲ 推动线上线下消费深度融合，实物商品网上零售额占社会消费品零售总额的比重从 **15.8%** 提高到 **27.2%**。

▲ 发展城市社区便民商业，完善农村快递物流配送体系。

▲ 帮扶旅游业发展。

围绕补短板、调结构、增后劲扩大有效投资。

▲ 创新投融资体制机制，预算内投资引导和撬动社会投资成倍增加，增加地方政府专项债券额度，重点支持交通、水利、能源、信息等基础设施和民生工程建设，鼓励社会资本参与建设运营，调动民间投资积极性。

增强区域发展平衡性协调性。

▲ 统筹推进西部大开发、东北全面振兴、中部地区崛起、东部率先发展，中西部地区经济增速总体高于东部地区。

▲ 加大对革命老区、民族地区、边疆地区的支持力度，中央财政对相关地区转移支付资金比五年前增长 **66.8%**。

▲ 推进京津冀协同发展、长江经济带发展、长三角一体化发展，推动黄河流域生态保护和高质量发展。

▲ 高标准高质量建设雄安新区。

▲ 发展海洋经济。

▲ 支持经济困难地区发展，促进资源型地区转型发展，鼓励有条件地区更大发挥带动作用，推动形成更多新的增长极增长带。

持续推进以人为核心的新型城镇化。

我国仍处于城镇化进程中，每年有上千万农村人口转移到城镇。

▲ 完善城市特别是县城功能，增强综合承载能力。

▲ 分类放宽或取消城镇落户限制，十年**1.4亿**农村人口在城镇落户。

▲ 有序发展城市群和都市圈，促进大中小城市协调发展。

▲ 推动成渝地区双城经济圈建设。

▲ 坚持房子是用来住的、不是用来炒的定位，建立实施房地产长效机制，扩大保障性住房供给，推进长租房市场建设，稳地价、稳房价、稳预期，因城施策促进房地产市场健康发展。

▲ 加强城市基础设施建设，轨道交通运营里程从**4500多**公里增加到近**1万**公里，排水管道从**63万**公里增加到**89万**公里。

▲ 改造城镇老旧小区**16.7万**个，惠及**2900多万**家庭。

（六）保障国家粮食安全，大力实施乡村振兴战略。

完善强农惠农政策，持续抓紧抓好农业生产，加快推进农业农村现代化。

提升农业综合生产能力。

▲ 稳定和扩大粮食播种面积，扩种大豆油料，优化生产结构布局，提高单产和品质。

▲ 完善粮食生产支持政策，稳定种粮农民补贴，合理确定稻谷、小麦最低收购价，加大对产粮大县奖励力度，健全政策性农业保险制度。

▲ 加强耕地保护，实施黑土地保护工程，完善水利设施，新建高标准农田 **4.56 亿**亩。

▲ 推进国家粮食安全产业带建设。

▲ 加快种业、农机等科技创新和推广应用，农作物耕种收综合机械化率从 **67%** 提高到 **73%**。

▲ 全面落实粮食安全党政同责，强化粮食和重要农产品稳产保供，始终不懈地把 **14 亿多**中国人的饭碗牢牢端在自己手中。

扎实推进农村改革发展。

▲ 巩固和完善农村基本经营制度，完成承包地确权登记颁证和农村集体产权制度改革阶段性任务，稳步推进多种形式适度规模经营，抓好家庭农场和农民合作社发展，加快发展农业社会化服务。

▲ 启动乡村建设行动，持续整治提升农村人居环境，加强水电路气信邮等基础设施建设，实现符合条件的乡镇和建制村通硬化路、通客车，农村自来水普及率从 **80%** 提高到 **87%**，多年累计改造农村危房 **2400 多万**户。

▲ 深化供销合作社、集体林权、农垦等改革。

▲ 立足特色资源发展乡村产业，促进农民就业创业增收。

▲ 为保障农民工及时拿到应得报酬，持续强化农民工工资拖欠治理，出台实施保障农民工工资支付条例，严厉打击恶意拖欠行为。

（七）坚定扩大对外开放，深化互利共赢的国际经贸合作。

面对外部环境变化，实行更加积极主动的开放战略，以高水平开放更有力促改革促发展。

推动进出口稳中提质。

▲ 加大出口退税、信保、信贷等政策支持力度，企业出口退税办理时间压缩至 **6** 个工作日以内。

▲ 优化外汇服务。

▲ 发展外贸新业态，新设 **152** 个跨境电商综试区，支持建设一批海外仓。

▲ 发挥进博会、广交会、服贸会、消博会等重大展会作用。

▲ 推进通关便利化，进口、出口通关时间分别压减 **67%** 和 **92%**，进出口环节合规成本明显下降。

▲ 关税总水平从 **9.8%** 降至 **7.4%**。

▲ 全面深化服务贸易创新发展试点，推出跨境服务贸易负面清单。

进出口稳定增长有力支撑了经济发展。

积极有效利用外资。

▲ 出台外商投资法实施条例，不断优化外商投资环境。

▲ 持续放宽外资市场准入，全国和自由贸易试验区负面清单条数分别压减 **51%**、**72%**，制造业领域基本全面放开，金融等服务业开放水平不断提升。

▲ 已设 **21** 个自由贸易试验区，海南自由贸易港建设稳步推进。

▲ 各地创新方式加强外资促进服务，加大招商引资和项目对接力度。

▲ 一批外资大项目落地，我国持续成为外商投资兴业的热土。

推动高质量共建"一带一路"。

▲ 坚持共商共建共享，遵循市场原则和国际通行规则，实施一批互联互通和产能合作项目，对沿线国家货物进出口额年均增长 **13.4%**，各领域交流合作不断深化。

▲ 推进西部陆海新通道建设。

▲ 引导对外投资健康有序发展，加强境外风险防控。

▲ 新签和升级 **6** 个自贸协定，与自贸伙伴货物进出口额占比从 **26%** 提升至 **35%** 左右。

▲ 坚定维护多边贸易体制，反对贸易保护主义，稳妥应对经贸摩擦，促进贸易和投资自由化便利化。

高质量共建
"一带一路"

（八）加强生态环境保护，促进绿色低碳发展。

坚持绿水青山就是金山银山的理念，健全生态文明制度体系，处理好发展和保护的关系，不断提升可持续发展能力。

加强污染治理和生态建设。

坚持精准治污、科学治污、依法治污，深入推进污染防治攻坚。

▲ 注重多污染物协同治理和区域联防联控，地级及以上城市空气质量优良天数比例达 **86.5%**、上升 **4 个百分点**。

▲ 基本消除地级及以上城市黑臭水体，推进重要河湖、近岸海域污染防治。

▲ 加大土壤污染风险防控和修复力度，强化固体废物和新污染物治理。

▲ 全面划定耕地和永久基本农田保护红线、生态保护红线和城镇开发边界。

▲ 坚持山水林田湖草沙一体化保护和系统治理，实施一批重大生态工程，全面推行河湖长制、林长制。

▲ 推动共抓长江大保护，深入实施长江流域重点水域十年禁渔。

▲ 加强生物多样性保护。

▲ 完善生态保护补偿制度。

▲ 森林覆盖率达到 **24%**，草原综合植被盖度和湿地保护率均达 **50%** 以上，水土流失、荒漠化、沙化土地面积分别净减少 **10.6 万**、**3.8 万**、**3.3 万**平方公里。

人民群众越来越多享受到蓝天白云、绿水青山。

稳步推进节能降碳。

统筹能源安全稳定供应和绿色低碳发展，科学有序推进碳达峰碳中和。

▲ 优化能源结构，实现超低排放的煤电机组超过 **10.5 亿**千瓦，可再生能源装机规模由 **6.5 亿**千瓦增至 **12 亿**千瓦以上，清洁能源消费占比由 **20.8%** 上升到 **25%** 以上。

▲ 全面加强资源节约工作，发展绿色产业和循环经济，促进节能环保技术和产品研发应用。

▲ 提升生态系统碳汇能力。

▲ 加强绿色发展金融支持。

▲ 完善能耗考核方式。

▲ 积极参与应对气候变化国际合作，为推动全球气候治理作出了中国贡献。

（九）切实保障和改善民生，加快社会事业发展。

贯彻以人民为中心的发展思想，持续增加民生投入，着力保基本、兜底线、促公平，提升公共服务水平，推进基本公共服务均等化，在发展中不断增进民生福祉。

促进教育公平和质量提升。

百年大计，教育为本。

▲ 财政性教育经费占国内生产总值比例每年都保持在 **4%** 以上，学生人均经费投入大幅增加。

▲ 持续加强农村义务教育薄弱环节建设，基本消除城镇大班额，推动解决进城务工人员子女入学问题，义务教育巩固率由 **93.8%** 提高到 **95.5%**。

▲ 坚持义务教育由国家统一实施，引导规范民办教育发展。

▲ 减轻义务教育阶段学生负担。

▲ 提升青少年健康水平。

▲ 持续实施营养改善计划，每年惠及 **3700 多万** 学生。

▲ 保障教师特别是乡村教师工资待遇。

▲ 多渠道增加幼儿园供给。

▲ 高中阶段教育毛入学率提高到 **90%** 以上。

▲ 职业教育适应性增强，职业院校办学条件持续改善。

▲ 积极稳妥推进高考综合改革，高等教育毛入学率从 **45.7%** 提高到 **59.6%**，高校招生持续加大对中西部地区和农村地区倾斜力度。

▲ 大幅提高经济困难高校学生国家助学贷款额度。

▲ 深入实施"强基计划"和基础学科拔尖人才培养计划，建设 **288** 个基础学科拔尖学生培养基地，接续推进世界一流大学和一流学科建设，不断夯实发展的人才基础。

提升医疗卫生服务能力。

深入推进和努力普及健康中国行动，深化医药卫生体制改革，把基本医疗卫生制度作为公共产品向全民提供，进一步缓解群众看病难、看病贵问题。

▲ 持续提高基本医保和大病保险水平，城乡居民医保人均财政补助标准从 **450** 元提高到 **610** 元。

▲ 将更多群众急需药品纳入医保报销范围。

▲ 住院和门诊费用实现跨省直接结算，惠及 **5700 多万** 人次。

▲ 推行药品和医用耗材集中带量采购，降低费用负担超过 **4000 亿** 元。

▲ 设置 **13** 个国家医学中心，布局建设 **76** 个国家区域医疗中心。

▲ 全面推开公立医院综合改革，持续提升县域医疗卫生服务能力，完善分级诊疗体系。

▲ 优化老年人等群体就医服务。

▲ 促进中医药传承创新发展、惠及民生。

▲ 基本公共卫生服务经费人均财政补助标准从 **50** 元提高到 **84** 元。

▲ 坚持预防为主，加强重大慢性病健康管理。

▲ 改革完善疾病预防控制体系，组建国家疾病预防控制局，健全重大疫情防控救治和应急物资保障体系，努力保障人民健康。

加强社会保障和服务。

▲ 建立基本养老保险基金中央调剂制度，连续上调退休人员基本养老金，提高城乡居民基础养老金最低标准，稳步提升城乡低保、优待抚恤、失业和工伤保障等标准。

▲ 积极应对人口老龄化，推动老龄事业和养老产业发展。

▲ 发展社区和居家养老服务，加强配套设施和无障碍设施建设，在税费、用房、水电气价格等方面给予政策支持。

▲ 推进医养结合，稳步推进长期护理保险制度试点。

▲ 实施三孩生育政策及配套支持措施。

▲ 完善退役军人管理保障制度，提高保障水平。

▲ 加强妇女、儿童权益保障。

▲ 完善未成年人保护制度。

▲ 健全残疾人保障和关爱服务体系。

▲ 健全社会救助体系，加强低收入人口动态检测，对遇困人员及时给予帮扶，年均临时救助 **1100 万**人次，坚决兜住了困难群众基本生活保障网。

丰富人民群众精神文化生活。

▲ 培育和践行社会主义核心价值观。

▲ 深化群众性精神文明创建。

▲ 发展新闻出版、广播影视、文学艺术、哲学社会科学和档案等事业，加强智库建设。

▲ 扎实推进媒体深度融合。

▲ 提升国际传播效能。

▲ 加强和创新互联网内容建设。

▲ 弘扬中华优秀传统文化，加强文物和文化遗产保护传承。

▲ 实施文化惠民工程，公共图书馆、博物馆、美术馆、文化馆站向社会免费开放。

▲ 深入推进全民阅读。

▲ 支持文化产业发展。

▲ 加强国家科普能力建设。

▲ 体育健儿勇创佳绩，全民健身广泛开展。

（十）推进政府依法履职和社会治理创新，保持社会大局稳定。

加强法治政府建设，使经济社会活动更好在法治轨道上运行。

▲ 坚持依法行政、大道为公，严格规范公正文明执法，政府的权力来自人民，有权不可任性，用权必受监督。

▲ 推动完善法律法规和规章制度，提请全国人大常委会审议法律议案 **50** 件，制定修订行政法规 **180** 件次。

▲ 依法接受同级人大及其常委会的监督，自觉接受人民政协的民主监督，主动接受社会和舆论监督。

▲ 认真办理人大代表建议和政协委员提案。

▲ 加强审计、统计监督。

▲ 持续深化政务公开。

▲ 开展国务院大督查。

▲ 支持工会、共青团、妇联等群团组织更好发挥作用。

加强和创新社会治理。

▲ 推动市域社会治理现代化，完善基层治理，优化社区服务。

▲ 支持社会组织、人道救助、社会工作、志愿服务、公益慈善等健康发展。

▲ 深入推进信访积案化解。

▲ 推进社会信用体系建设。

▲ 完善公共法律服务体系。

▲ 严格食品、药品尤其是疫苗监管。

▲ 开展安全生产专项整治。

▲ 改革和加强应急管理，提高防灾减灾救灾能力，做好洪涝干旱、森林草原火灾、地质灾害、地震等防御和气象服务。

▲ 深入推进国家安全体系和能力建设。

▲ 加强网络、数据安全和个人信息保护。

▲ 持续加强社会治安综合治理，严厉打击各类违法犯罪，开展扫黑除恶专项斗争，依法严惩黑恶势力及其"保护伞"，平安中国、法治中国建设取得新进展。

　　五年来，各级政府认真贯彻落实党中央全面从严治党战略部署，扎实开展"不忘初心、牢记使命"主题教育和党史学习教育，弘扬伟大建党精神，严格落实中央八项规定精神，持之以恒纠治"四风"，重点纠治形式主义、官僚主义，"三公"经费大幅压减。严厉惩处违规建设楼堂馆所和偷税逃税等行为。加强廉洁政府建设。政府工作人员自觉接受法律监督、监察监督和人民监督。

做好经济社会发展工作，没有捷径，实干为要。

五年来，

坚持以习近平新时代中国特色社会主义思想为指导，全面贯彻党的基本理论、基本路线、基本方略。

坚持以经济建设为中心，着力推动高质量发展，事不畏难、行不避艰，要求以实干践行承诺，凝心聚力抓发展；

以民之所望为施政所向，始终把人民放在心中最高位置，一切以人民利益为重，仔细倾听群众呼声，深入了解群众冷暖，着力解决人民群众急难愁盼问题；

坚持实事求是，尊重客观规律，坚决反对空谈浮夸、做表面文章、搞形象工程甚至盲目蛮干；

以改革的办法、锲而不舍的精神解难题、激活力，激励敢于担当，对庸政懒政者问责。

尊重人民群众首创精神，充分调动各方面积极性，进而汇聚起推动发展的强大力量。

过去五年，
民族、宗教、侨务等工作创新完善。

　　巩固和发展平等团结互助和谐的社会主义民族关系，民族团结进步呈现新气象。

　　贯彻党的宗教工作基本方针，推进我国宗教中国化逐步深入。

　　持续做好侨务工作，充分发挥海外侨胞在参与祖国现代化建设中的独特优势和重要作用。

坚持党对人民军队的绝对领导，国防和军队建设取得一系列新的重大成就、发生一系列重大变革。

人民军队深入推进政治建军、改革强军、科技强军、人才强军、依法治军，深入推进练兵备战，现代化水平和实战能力显著提升。

坚决灵活开展军事斗争，有效遂行边防斗争、海上维权、反恐维稳、抢险救灾、抗击疫情、维和护航等重大任务，提升国防动员能力，有力维护了国家主权、安全、发展利益。

中华人民共和国万岁

港澳台工作取得新进展。

依照宪法和基本法有效实施对特别行政区的全面管治权，制定实施香港特别行政区维护国家安全法，落实"爱国者治港"、"爱国者治澳"原则，推动香港进入由乱到治走向由治及兴的新阶段。

深入推进粤港澳大湾区建设，支持港澳发展经济、改善民生、防控疫情、保持稳定。

贯彻新时代党解决台湾问题的总体方略，坚决开展反分裂、反干涉重大斗争，持续推动两岸关系和平发展。

中国特色大国外交全面推进。

习近平主席等党和国家领导人出访多国，通过线上和线下方式出席二十国集团领导人峰会、亚太经合组织领导人非正式会议、联合国成立 75 周年系列高级别会议、东亚合作领导人系列会议、中欧领导人会晤等一系列重大外交活动。

成功举办上合组织青岛峰会、金砖国家领导人会晤、全球发展高层对话会、"一带一路"国际合作高峰论坛、中非合作论坛北京峰会等多场重大主场外交活动。

坚持敢于斗争、善于斗争，坚决维护我国主权、安全、发展利益。

积极拓展全球伙伴关系，致力于建设开放型世界经济，维护多边主义，推动构建人类命运共同体。

中国作为负责任大国，在推进国际抗疫合作、解决全球挑战和地区热点问题上发挥了重要建设性作用，为促进世界和平与发展作出重要贡献。

这些年我国发展取得的成就，

是以习近平同志为核心的党中央坚强领导的结果，

是习近平新时代中国特色社会主义思想科学指引的结果，

是全党全军全国各族人民团结奋斗的结果。

我代表国务院，向全国各族人民，向各民主党派、各人民团体和各界人士，表示诚挚感谢！

向香港特别行政区同胞、澳门特别行政区同胞、台湾同胞和海外侨胞，表示诚挚感谢！

向关心和支持中国现代化建设的各国政府、国际组织和各国朋友，表示诚挚感谢！

在看到发展成就的同时，我们也清醒认识到，我国是一个发展中大国，仍处于社会主义初级阶段，发展不平衡不充分问题仍然突出。当前发展面临诸多困难挑战。

外部环境不确定性加大，全球通胀仍处于高位，世界经济和贸易增长动能减弱，外部打压遏制不断上升。国内经济增长企稳向上基础尚需巩固，需求不足仍是突出矛盾，民间投资和民营企业预期不稳，不少中小微企业和个体工商户困难较大，稳就业任务艰巨，一些基层财政收支矛盾较大。房地产市场风险隐患较多，一些中小金融机构风险暴露。发展仍有不少体制机制障碍。科技创新能力还不强。生态环境保护任重道远。防灾减灾等城乡基础设施仍有明显薄弱环节。一些民生领域存在不少短板。形式主义、官僚主义现象仍较突出，有的地方政策执行"一刀切"、层层加码，有的干部不作为、乱作为、简单化，存在脱离实际、违背群众意愿、漠视群众合法权益等问题。一些领域、行业、地方腐败现象时有发生。人民群众对政府工作还有一些意见和建议应予重视。

要直面问题挑战，尽心竭力改进政府工作，不负人民重托。

二、对今年政府工作的建议

今年是全面贯彻党的二十大精神的开局之年。做好政府工作，

要在以习近平同志为核心的党中央坚强领导下，以习近平新时代中国特色社会主义思想为指导，全面贯彻落实党的二十大精神，按照中央经济工作会议部署，扎实推进中国式现代化，坚持稳中求进工作总基调，完整、准确、全面贯彻新发展理念，加快构建新发展格局，着力推动高质量发展，更好统筹国内国际两个大局，更好统筹疫情防控和经济社会发展，更好统筹发展和安全，全面深化改革开放，大力提振市场信心，把实施扩大内需战略同深化供给侧结构性改革有机结合起来，突出做好稳增长、稳就业、稳物价工作，有效防范化解重大风险，推动经济运行整体好转，实现质的有效提升和量的合理增长，持续改善民生，保持社会大局稳定，为全面建设社会主义现代化国家开好局起好步。

今年发展主要预期目标是：

◆ 国内生产总值增长 **5%** 左右；

◆ 城镇新增就业 **1200 万** 人左右，城镇调查失业率 **5.5%** 左右；

◆ 居民消费价格涨幅 **3%** 左右；

◆ 居民收入增长与经济增长基本同步；

◆ 进出口促稳提质，国际收支基本平衡；

◆ 粮食产量保持在 **1.3 万亿** 斤以上；

◆ 单位国内生产总值能耗和主要污染物排放量继续下降，重点控制化石能源消费，生态环境质量稳定改善。

> 要坚持稳字当头、稳中求进，面对战略机遇和风险挑战并存、不确定难预料因素增多，保持政策连续性稳定性针对性，加强各类政策协调配合，形成共促高质量发展合力。

◆ 积极的财政政策要加力提效。

◆ 赤字率拟按 **3%** 安排。

◆ 完善税费优惠政策，对现行减税降费、退税缓税等措施，该延续的延续，该优化的优化。

◆ 做好基层"三保"工作。

◆ 稳健的货币政策要精准有力。

◆ 保持广义货币供应量和社会融资规模增速同名义经济增速基本匹配，支持实体经济发展。

◆ 保持人民币汇率在合理均衡水平上的基本稳定。

◆ 产业政策要发展和安全并举。

◆ 促进传统产业改造升级，培育壮大战略性新兴产业，着力补强产业链薄弱环节。

◆ 科技政策要聚焦自立自强，也要坚持国际合作。

◆ 完善新型举国体制，发挥好政府在关键核心技术攻关中的组织作用，支持和突出企业科技创新主体地位，加大科技人才及团队培养支持力度。

◆ 社会政策要兜牢民生底线。

◆ 落实落细就业优先政策，把促进青年特别是高校毕业生就业工作摆在更加突出的位置，切实保障好基本民生。

当前我国新冠疫情防控已进入"乙类乙管"常态化防控阶段，要在对疫情防控工作进行全面科学总结的基础上，更加科学、精准、高效做好防控工作，围绕保健康、防重症，重点做好老年人、儿童、患基础性疾病群体的疫情防控和医疗救治，提升疫情监测水平，推进疫苗迭代升级和新药研制，切实保障群众就医用药需求，守护好人民生命安全和身体健康。

今年是政府换届之年，前面报告的经济社会发展多领域、各方面工作，今后还需不懈努力，下面简述几项重点。

（一）着力扩大国内需求。

- 把恢复和扩大消费摆在优先位置。
- 多渠道增加城乡居民收入。
- 稳定汽车等大宗消费，推动餐饮、文化、旅游、体育等生活服务消费恢复。

政府投资和政策激励要有效带动全社会投资，今年拟安排地方政府专项债券 **3.8 万亿**元，加快实施"十四五"重大工程，实施城市更新行动，促进区域优势互补、各展其长，继续加大对受疫情冲击较严重地区经济社会发展的支持力度，鼓励和吸引更多民间资本参与国家重大工程和补短板项目建设，激发民间投资活力。

（二）加快建设现代化产业体系。

◆ 强化科技创新对产业发展的支撑。

◆ 持续开展产业强链补链行动，围绕制造业重点产业链，集中优质资源合力推进关键核心技术攻关，充分激发创新活力。

◆ 加强重要能源、矿产资源国内勘探开发和增储上产。

◆ 加快传统产业和中小企业数字化转型，着力提升高端化、智能化、绿色化水平。

◆ 加快前沿技术研发和应用推广，促进科技成果转化。

◆ 建设高效顺畅的物流体系。

◆ 大力发展数字经济，提升常态化监管水平，支持平台经济发展。

（三）切实落实"两个毫不动摇"。

◆ 深化国资国企改革，提高国企核心竞争力。

◆ 坚持分类改革方向，处理好国企经济责任和社会责任关系，完善中国特色国有企业现代公司治理。

◆ 依法保护民营企业产权和企业家权益，完善相关政策，鼓励支持民营经济和民营企业发展壮大，支持中小微企业和个体工商户发展，构建亲清政商关系，为各类所有制企业创造公平竞争、竞相发展的环境，用真招实策稳定市场预期和提振市场信心。

（四）更大力度吸引和利用外资。

- ◆ 扩大市场准入，加大现代服务业领域开放力度。
- ◆ 落实好外资企业国民待遇。
- ◆ 积极推动加入全面与进步跨太平洋伙伴关系协定（CPTPP）等高标准经贸协议，主动对照相关规则、规制、管理、标准，稳步扩大制度型开放。

- ◆ 优化区域开放布局，实施自由贸易试验区提升战略，发挥好海南自由贸易港、各类开发区等开放平台的先行先试作用。
- ◆ 继续发挥进出口对经济的支撑作用。
- ◆ 做好外资企业服务工作，推动外资标志性项目落地建设。

开放的中国大市场，一定能为各国企业在华发展提供更多机遇。

（五）有效防范化解重大经济金融风险。

◆ 深化金融体制改革，完善金融监管，压实各方责任，防止形成区域性、系统性金融风险。

◆ 有效防范化解优质头部房企风险，改善资产负债状况，防止无序扩张，促进房地产业平稳发展。

◆ 防范化解地方政府债务风险，优化债务期限结构，降低利息负担，遏制增量、化解存量。

（六）稳定粮食生产和推进乡村振兴。

- ◆ 一体推进农业现代化和农村现代化。
- ◆ 稳定粮食播种面积，抓好油料生产，实施新一轮千亿斤粮食产能提升行动。
- ◆ 完善农资保供稳价应对机制。
- ◆ 加强耕地保护，加强农田水利和高标准农田等基础设施建设。
- ◆ 深入实施种业振兴行动。
- ◆ 强化农业科技和装备支撑。
- ◆ 健全种粮农民收益保障机制和主产区利益补偿机制。

- ◆ 树立大食物观，构建多元化食物供给体系。
- ◆ 发展乡村特色产业，拓宽农民增收致富渠道。
- ◆ 巩固拓展脱贫攻坚成果，坚决防止出现规模性返贫。
- ◆ 推进乡村建设行动。
- ◆ 国家关于土地承包期再延长 **30** 年的政策，务必通过细致工作扎实落实到位。

（七）推动发展方式绿色转型。

◆ 深入推进环境污染防治。

◆ 加强流域综合治理，加强城乡环境基础设施建设，持续实施重要生态系统保护和修复重大工程。

◆ 推进能源清洁高效利用和技术研发，加快建设新型能源体系，提升可再生能源占比。

◆ 完善支持绿色发展的政策和金融工具，发展循环经济，推进资源节约集约利用，推动重点领域节能降碳减污，持续打好蓝天、碧水、净土保卫战。

（八）保障基本民生和发展社会事业。

◆ 加强住房保障体系建设，支持刚性和改善性住房需求，解决好新市民、青年人等住房问题，加快推进老旧小区和危旧房改造。

◆ 加快建设高质量教育体系，推进义务教育优质均衡发展和城乡一体化，推进学前教育、特殊教育普惠发展，大力发展职业教育，推进高等教育创新，支持中西部地区高校发展，深化体教融合。

◆ 深化医药卫生体制改革，促进医保、医疗、医药协同发展和治理。

◆ 推动优质医疗资源扩容下沉和区域均衡布局。

◆ 实施中医药振兴发展重大工程。

◆ 重视心理健康和精神卫生。

◆ 实施积极应对人口老龄化国家战略，加强养老服务保障，完善生育支持政策体系。

◆ 保障妇女、儿童、老年人、残疾人合法权益。

◆ 做好军人军属、退役军人和其他优抚对象优待抚恤工作。

◆ 繁荣发展文化事业和产业。

◆ 提升社会治理效能。

◆ 强化安全生产监管和防灾减灾救灾。

◆ 全面贯彻总体国家安全观，建设更高水平的平安中国。

进一步加强政府自身建设，持续转变政府职能，搞好机构改革，扎实推进法治政府、创新政府、廉洁政府和服务型政府建设，发扬实干精神，大兴调查研究之风，提高行政效率和公信力。

我们要以铸牢中华民族共同体意识为主线，坚持和完善民族区域自治制度，促进各民族共同团结奋斗、共同繁荣发展。坚持党的宗教工作基本方针，坚持我国宗教中国化方向，积极引导宗教与社会主义社会相适应。加强和改进侨务工作，汇聚起海内外中华儿女同心奋斗、共创辉煌的强大力量。

我们要深入贯彻习近平强军思想，贯彻新时代军事战略方针，围绕实现建军一百年奋斗目标，边斗争、边备战、边建设，完成好党和人民赋予的各项任务。全面加强练兵备战，创新军事战略指导，大抓实战化军事训练，统筹抓好各方向各领域军事斗争。全面加强军事治理，巩固拓展国防和军队改革成果，加强重大任务战建备统筹，加快实施国防发展重大工程。巩固提高一体化国家战略体系和能力，加强国防科技工业能力建设。深化全民国防教育。各级政府要大力支持国防和军队建设，深入开展"双拥"活动，合力谱写军政军民团结新篇章。

我们要全面准确、坚定不移贯彻"一国两制"、"港人治港"、"澳人治澳"、高度自治的方针，坚持依法治港治澳，维护宪法和基本法确定的特别行政区宪制秩序，落实"爱国者治港"、"爱国者治澳"原则。支持港澳发展经济、改善民生，保持香港、澳门长期繁荣稳定。

我们要坚持贯彻新时代党解决台湾问题的总体方略，坚持一个中国原则和"九二共识"，坚定反"独"促统，推动两岸关系和平发展，推进祖国和平统一进程。两岸同胞血脉相连，要促进两岸经济文化交流合作，完善增进台湾同胞福祉的制度和政策，推动两岸共同弘扬中华文化，同心共创复兴伟业。

我们要坚定奉行独立自主的和平外交政策，坚定不移走和平发展道路，坚持在和平共处五项原则基础上同各国发展友好合作，坚定奉行互利共赢的开放战略，始终做世界和平的建设者、全球发展的贡献者、国际秩序的维护者。中国愿同国际社会一道落实全球发展倡议、全球安全倡议，弘扬全人类共同价值，携手推动构建人类命运共同体，维护世界和平和地区稳定。

奋斗铸就辉煌，实干赢得未来。

我们要更加紧密地团结在以习近平同志为核心的党中央周围，高举中国特色社会主义伟大旗帜，以习近平新时代中国特色社会主义思想为指导，全面贯彻党的二十大精神，砥砺前行，推动经济社会持续健康发展，为全面建设社会主义现代化国家、全面推进中华民族伟大复兴，为把我国建设成为富强民主文明和谐美丽的社会主义现代化强国不懈奋斗！

附　录

国务院总理

李强

答中外记者问

中央广播电视总台记者：首先向您和四位副总理履新表示祝贺。新一届政府任期的未来五年对于全面建设社会主义现代化国家来说是开局起步的关键时期，国内外非常关注新一届政府的工作。新一届政府的施政目标是什么？有哪些工作重点？将会怎样开展工作？

李强：谢谢你的祝贺，谢谢大家对新一届政府工作的关心。

去年十月份召开的党的二十大，对我们国家今后五年和更长时间的发展作了全面的战略部署，大家比较关心的重大问题都能从党的二十大报告中找到清晰的答案。

新一届政府的工作，就是要把党中央的决策部署贯彻好、落实好，把党的二十大擘画的宏伟蓝图变成施工图，与全国人民一道，一步一个脚印把宏伟蓝图变成美好现实。

今后工作中，有这么几个方面是我们要重点把握的：

第一是牢固树立以人民为中心的发展思想。说到底，党和政府一切工作的宗旨就是为民造福。习近平总书记讲："人民对美好生活的向往，就是我们的奋斗目标。"我们任何时候都必须始终牢记人民政府前面的"人民"这两个字，扎扎实实办好每一件民生实事。客观地讲，绝大部分老百姓不会天天盯着看GDP增长了多少，大家更在乎的是住房、就业、收入、教育、就医、生态环境等身边具体事。政府工作就是要贴近老百姓的实际感受去谋划、推进，真正做到民有所盼、政有所为。

第二是集中力量推动高质量发展。这次两会期间，习近平总书记在参加江苏代表团审议时特别强调，要牢牢把握高质量发展这个首要任务。我国经济社会发展已经取得了巨大成就，经济总量稳居世界第二，但发展还不平衡、不充分。任何一个总量指标，分摊到14亿多的人口基数上，人均水平都比较有限。现在，我们的发展更多地只是解决"有没有"的问题，下一步需要更加重视解决"好不好"的问题，特别是提高科技创新能力、建设现代化产业体系、推动发展方式绿色转型等。总的来说，我们要完整、准确、全面贯彻新发展理念，加快构建新发展格局，着力推动高质量发展。

第三是坚定不移深化改革开放。改革开放是决定当代中国命运的关键一招，我们在推进中国式现代化、实现第二个百年奋斗目标的历史进程中，还是要"吃改革饭、走开放路"。要坚持社会主义市场经济改革方向，坚持高水平对外开放，在深化改革开放中不断增强发展的动力和活力。

美国消费者新闻与商业频道记者：今年是中国疫情过峰后的第一年，很多人预期经济将在短期内反弹，中国准备采取怎样的措施实现全年经济增长目标？中国经济在今年及接下来的五年将面临哪些有利和不利的因素？未来五年中国计划采取什么样的政策来支持可持续、高质量增长？近几年中国在应对债务、资本无序扩张等系统性风险方面的政策取得了哪些成效？

李强：这位记者朋友很会抓机会，我记了一下，你一口气提了4个问题、涉及6方面内容。时间关系，我只能择要作些回答。

今年世界经济形势总体不容乐观，不稳定、不确定、难预料因素比较多，如何稳增长对世界各国都是一个考验。今年，中国经济增长预期目标定为5%左右，这是我们综合考虑各方面因素后确定的。当然，中国的经济总量已经突破120万亿元，基数很高，加上今年的新挑战不少，要实现5%左右的增长，并不轻松，需要倍加努力。

有关具体政策措施，去年中央经济工作会议已经作了全面部署，基本取向是坚持稳字当头、稳中求进，推动经济运行整体好转。稳，重点是稳增长、稳就业、稳物价；进，关键是在高质量发展上取得新进步。具体来讲，我想要特别做好几件事，或者说要打好这么几套组合拳：一是宏观政策的组合拳，二是扩大需求的组合拳，三是改革创新的组合拳，四是防范化解风险的组合拳。这些组合拳，都是有其具体内涵的，有的还会根据实践的需要不断充实、调整和完善。

刚才，这位记者朋友问到了有利和不利因素问题。中国发展确实有很多优势条件，比如，市场规模巨大，产业体系完备，人力资源丰富，发展基础厚实等，更重要的是制度优势显著。说到困难，大家都有困难，今年我们的困难也不会少，但是，大家想一想，哪个时候、哪一年没有困难呢？我们从来都是在克服困难中不断实现新发展的。我们这一代中国人从小听得最多的故事就是大禹治水、愚公移山、精卫填海、夸父逐日等等，都很励志，讲的都是不怕困难、不畏艰险、勇于斗争、自强不息的精神，我们中国人不会被任何困难所压倒。

从最近两个多月情况看，我国经济运行出现了企稳回升态势，一些国际组织也调高了今年中国经济增速的预期。对中国经济的前景，我想用8个字来概括，就是"长风破浪，未来可期"。对此，我充满信心。

香港凤凰卫视、凤凰网记者：这几年，香港实现了由乱到治的根本性转折。香港稳定下来了，发展问题又摆在了眼前。随着世界政经局势和环境的变化，有评论认为现在港澳的竞争力弱化了。请问，您如何看待港澳未来的发展前景？中央政府下一步还会有哪些措施支持港澳发挥自己的优势和特点，实现更好的发展？

李强：中央政府始终高度重视发挥香港、澳门的优势和特点。回归以来，在国家的支持下，香港国际金融、航运、贸易三大中心地位得到了巩固和提高，澳门作为旅游休闲中心享誉世界。

近年来，受各种因素影响，香港、澳门经济发展遇到一些困难，但这是暂时的困难、发展中的困难。中央政府将全面准确、坚定不移贯彻"一国两制"方针，全力支持香港、澳门融入国家发展大局，全力支持香港、澳门发展经济、改善民生，全力支持香港、澳门提高国际竞争力。有祖国作坚强后盾、有"一国两制"的制度保障，香港、澳门的地位和作用只会加强、不会削弱。香港、澳门的明天一定会更加美好！

新加坡联合早报记者：您早年当过温州市委书记，温州市以及您后来任职的浙江、江苏以及上海都是中国民营经济非常发达的地方，您对民营经济有很深的了解。请问您认为中国还需要采取哪些措施提振民企的信心、支持民企的发展？还有哪些地方做得不够、需要补齐？

李强：大家一定都已关注到，这次两会期间，习近平总书记在看望全国政协委员时，就民营经济健康发展、高质量发展作了深刻阐述，引起热烈反响。广大民营企业家深受鼓舞、深受激励，都很振奋。

我长期在民营经济比较发达的地方工作，经常有机会与民营企业家交流，对他们发展中的期盼和顾虑还是比较了解的。在这里，我主要想表达这么几层意思：

第一，"两个毫不动摇"是我国基本经济制度的重要内容，是长久之策，过去没有变，以后更不会变。确实，去年有段时间，社会上有一些不正确的议论，使一些民营企业家内心感到忧虑。其实在发展民营经济这个问题上，党中央的方针政策一直是非常明确的。党的十九大、二十大和去年的中央经济工作会议，都作了强调。对此，我们是旗帜鲜明、坚定不移的。

第二，民营经济的发展环境会越来越好，发展空间会越来越大。我们将在新起点上大力营造市场化、法治化、国际化营商环境，平等对待各类所有制企业，依法保护企业产权和企业家权益，促进各类经营主体公平竞争，支持民营企业发展壮大。从发展空间看，中国具有超大规模的市场需求，还有很多新领域新赛道有待开拓，都蕴藏着巨大的发展机遇。民营经济一定是大有可为的。

第三，时代呼唤广大民营企业家谱写新的创业史。这也是我特别想说的一点。经济发展有其客观规律，也依赖客观条件，但更需要很强的主观能动性。希望民营企业家大力弘扬优秀企业家精神，坚定信心再出发。说到这里，我不由想起当年江浙等地发展个体私营经济、发展乡镇企业时创造的"四千"精神：走遍千山万水、说尽千言万语、想尽千方百计、吃尽千辛万苦。虽然现在创业的模式、形态发生了很大的变化，但是当时那样一种筚路蓝缕、披荆斩棘的创业精神，是永远需要的。我们各级领导干部要真诚关心、服务民营企业，构建亲清政商关系，带动全社会形成尊重创业者、尊重企业家的良好氛围。我相信，在新时代新征程上，广大民营企业家一定能谱写出更加辉煌的创业史。

澎湃新闻记者：网民对于一些民生热点问题高度关注。今年我国就业形势依然严峻，请问政府将采取哪些措施稳就业呢？去年中国出现了多年未有的人口负增长，这是否意味着人口红利即将消失？今年会不会出台延迟退休政策？

李强：我很愿意回应网民的关切，一有时间我也会上网，看看网民关注什么，有什么好的意见建议。

刚才，你实际上提了三个问题。第一个问题，就业问题。就业是民生之本，解决就业问题，最根本的一条，还是要靠发展经济。具体工作中，我们将全面落实就业优先战略，进一步加大就业服务、技能培训等方面的政策支持力度，多措并举稳定和扩大就业岗位，支持和规范发展新就业形态。今年高校毕业生预计 1158 万，从就业看，有一定压力；但从发展看，注入的是蓬勃的活力。

我们将进一步拓宽就业渠道，帮助年轻人通过劳动和奋斗，更好地实现自己的人生价值。

第二个问题，人口负增长问题。我国人口增长由正转负，有人担心人口红利会不会就此消失。我看没那么简单。人口红利既要看总量、更要看质量，既要看人口、更要看人才。我国有近9亿劳动力，每年新增劳动力都超过1500万，人力资源丰富仍然是中国的突出优势。更重要的是，我国接受高等教育的人口已超过2.4亿，新增劳动力平均受教育年限达到14年。可以说，我们的"人口红利"没有消失，"人才红利"正在形成，发展动力依旧强劲。当然，我们对人口增减可能带来的问题还要作深入的分析研判，积极应对。

至于延迟退休政策问题，我们将认真研究、充分论证，在适当时候稳妥推出。

乌兹别克斯坦人民言论报记者：国际上有些人质疑，相比于其他国家，中国在防疫上实施了两年多的严控，是否确有必要？应对未来可能出现的新一波疫情，中国作了哪些准备？

李强：疫情三年，中国人民在中国共产党的坚强领导下，同心抗疫，现在已经取得重大决定性胜利。三年多来，我们始终坚持人民至上、生命至上，坚持科学精准防控，因时因势优化调整防控措施。在病毒致病力较强的阶段，我们果断实施"乙类甲管"，有效保护了人民生命安全和身体健康，也为疫苗和药物研制、疫苗接种普及等争取了宝贵时间。随着病毒致病力减弱和我国防治能力提高，我们对防控措施作了一系列优化调整，适时进行了转段，实施了"乙类乙管"。中国这样一个人口众多、发展不平衡的大国，用不到两个月的时间实现了疫情防控平稳转段，较快恢复了经济社会正常秩序，是很了不起的。实践证明，我国疫情防控的各项策略措施是完全正确的，防控成效是巨大的。

人类与病毒的斗争是一个长期历史过程。当前新冠疫情传播的风险仍然存在，我们将及时研判，做好预测预警，并制定完善不同情景下的疫情应对预案，不断加强医疗卫生服务体系建设，加快疫苗和药物的研发，加强与国际社会的合作和协调，共同维护人类健康福祉。

台湾联合报记者：大陆方面表示，将始终关爱、尊重、造福台湾同胞。随着大陆疫情防控措施的调整和优化，两岸民众都希望能够尽快全面恢复两岸的正常交流和往来。请问大陆方面在推动两岸经济文化合作交流以及人员往来方面有何规划？

李强：两岸同胞是一家人，血浓于水，打断骨头连着筋。我们将在一个中国原则和"九二共识"的基础上，继续推动两岸经济文化交流合作，要让更多台胞、台企来大陆，不仅愿意来，而且能融得进，有好的发展。

当前，早日实现两岸同胞正常往来，恢复各领域常态合作，是大家的共同期望，需要共同努力。

人民日报记者：全面建设社会主义现代化国家，最艰巨最繁重的任务仍然在农村。请问本届政府在推进乡村振兴上有哪些考虑？对保障中国粮食安全有哪些举措？

李强：中国是一个农业大国，现在还有近5亿人常住在农村。没有农业农村现代化，社会主义现代化是不全面的。在去年底召开的中央农村工作会议上，习近平总书记对建设农业强国、做好"三农"工作、推进乡村振兴作出了全面部署。当前我们就是要按照习近平总书记的要求，抓好各项任务的落实。

就乡村振兴来讲，下一步在具体工作中，我感到要突出三个关键词：一是全面。不光是发展经济，而是要全面彰显乡村的经济价值、生态价值、社会价值、文化价值。二是特色。中国地域辽阔，"十里不同风、百里不同俗"，要因地制宜，打造各具特色的乡村风貌，保护和传承好地域文化、乡土文化，不能千村一面。三是改革。要通过深化农村改革来促进乡村振兴，广大农民是乡村振兴的主体，必须充分调动他们的积极性，要让他们积极参与改革，并更好分享改革发展成果。

刚才你还提到粮食安全问题。我国粮食产量连续 8 年超过 1.3 万亿斤，总体上粮食安全是有保障的，我们将抓住耕地和种子"两个要害"，不断提高粮食生产能力。我这里特别想跟农民朋友们说句话：政府所有支持粮食生产的政策只增不减，鼓励大家多种粮，确保 14 亿多中国人的饭碗牢牢端在自己手中。

中阿卫视记者：当前，地缘政治摩擦和去全球化加剧，中美关系紧张对立，虽然中国一直强调坚定不移推进改革开放，但外资外企依然难以安心经营，有的开始考虑撤离。请问，中国的对外开放政策会有变化吗？您如何看待当前的中美关系及其改善前景？

李强：今年是中国改革开放 45 周年，改革开放发展了中国，也影响了世界。从我掌握的情况看，绝大多数外资企业依然看好在华发展前景，去年，中国实际使用外资 1890 多亿美元，创历史新高，比三年前增加了近 500 亿美元。这说明，中国依然是全球投资高地。

对外开放是我们的基本国策，无论外部形势怎么变，我们都将坚定不移向前推进。我这里特别想说一说中国国际进口博览会，这是中国主动向世界开放市场、共享发展机遇的重大举措，已连续举办5届，即使在疫情之下也没有中断，去年有 127 个国家和地区的 2800 多家企业参展。进博会的举办充分说明，开放的中国大市场是各国企业发展的大机遇。

今年，我们还将对接高标准国际经贸规则，进一步扩大开放。中国开放的大门会越开越大、环境会越来越好、服务会越来越优。开放的中国欢迎大家来投资兴业。

有关中美关系的具体问题，秦刚外长在前几天的记者会上已经作了阐述，我不再作重复。当前重要的是，把习近平主席同拜登总统去年 11 月份会晤时达成的一系列重要共识，转化为实际政策和具体行动。

我知道，这几年在美国国内有些人在炒作两国"脱钩"的论调，有时还很热，但我不知道到底有多少人能真正从这种炒作中受益。据中方统计，去年，中美贸易额近 7600 亿美元，创下历史新高。中美两国经济你中有我、我中有你，彼此都从对方的发展中受益。我去年大部分时间是在上海工作，接触了不少包括美资在内的外企高管，他们都告诉我看好上海、看好中国，希望从合作中实现共赢。这些都表明，中美可以合作、也应该合作。中美合作大有可为。围堵、打压对谁都没有好处。

新华社记者：新一届政府面临着艰巨繁重的任务，各方面也寄予很高的期许，这对于政府的履职能力、工作作风都提出了新的要求。请问新一届政府在加强自身建设方面有哪些考虑？

李强：确实，如你所说，新的使命任务对我们提出了新的更高要求。我们打算，以新一轮政府机构改革为契机，切实加强政府自身建设，进一步转变职能、提升效能、改进作风。突出抓四件事：

一是大兴调查研究之风。最近党中央已提出明确要求，国务院要带头认真抓好落实。我长期在地方工作，有一个很深的感受：坐在办公室碰到的都是问题，深入基层看到的全是办法。高手在民间。我们要推动各级干部多到一线去，问需于民、问计于民，向人民群众学习，真正帮助基层解决实际问题。特别是长期在大机关工作的年轻同志，要深入基层、心入基层，更多地接地气。

二是扎实推进依法行政。政府工作必须在法律框架内进行，所有行政行为都要于法有据。要进一步加强法治政府建设，不断提高运用法治思维、法治方式解决问题的能力。

三是提高创造性执行能力。各级政府部门和公务人员，都要有服务意识、发展意识，特别是在履行审批、管理职能时，不能光踩刹车、不踩油门；不能尽设路障、不设路标；凡事要多作"应不应该办"的价值判断，不能简单地只作"可不可以办"的技术判断。要坚决反对一切形式主义、官僚主义，真正做有创造力的执行者。

四是坚决守住廉洁底线。我们将始终以严的标准、严的措施抓好廉洁政府建设，对一切腐败行为一定要零容忍。每一位政府工作人员都要自觉接受监督，真正做到忠诚、干净、担当。

扫一扫，手机阅读

国务院总理

李强

答中外记者问实录

扫一扫，手机观看

国务院总理

李强

答中外记者问视频